Dieses Buch gehört

minichile

Wir gehören zusammen

Schülerbuch
2. Schuljahr

Autorin **Rahel Ester Marugg**
Illustrationen **Tanja Stephani**
Beratung **Dorothea Meyer-Liedholz**

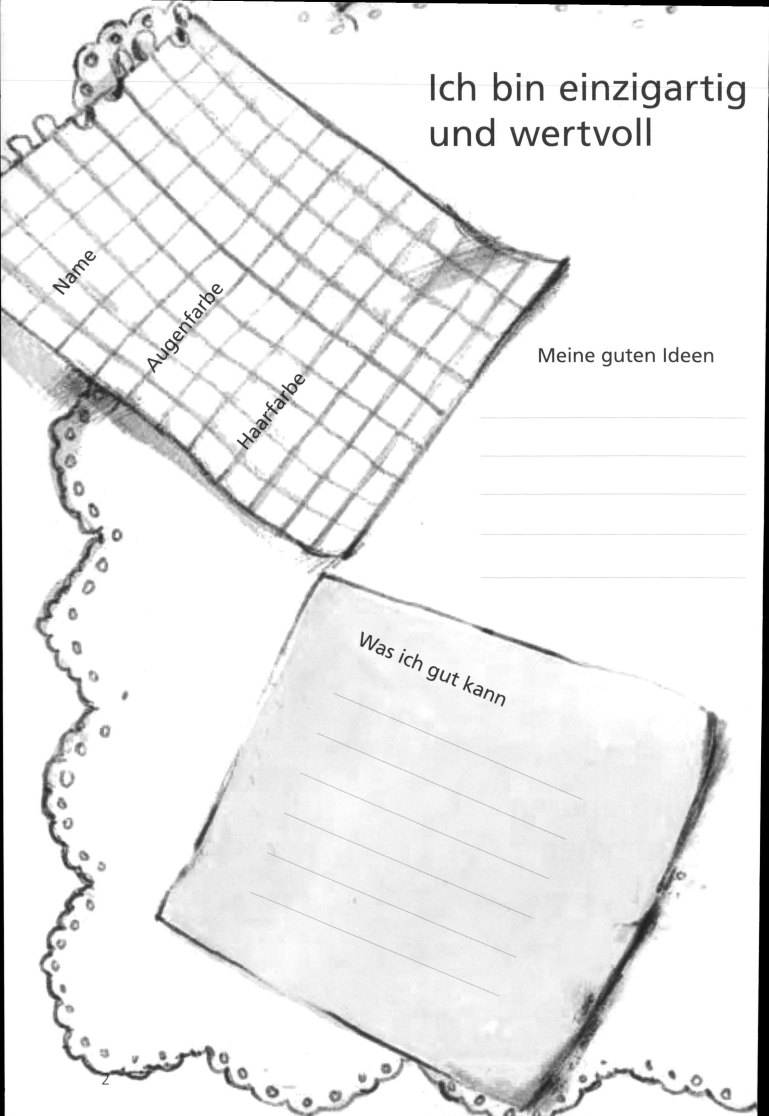

Ich bin einzigartig und wertvoll

Name

Augenfarbe

Haarfarbe

Meine guten Ideen

Was ich gut kann

2

Foto

Mein
Fingerabdruck

Das mag ich ganz besonders

1

3

Ich gebe dir die Hände

Ich gebe dir die Hände

Text: Rolf Krenzer
Melodie: Ludger Edelkötter

Strophen

1. Ich ge - be dir die Hän - de und
schau dir ins Ge - sicht. Dass wir so ganz ver -
schie - den sind, das stört uns wirk - lich nicht.
Ich ge - be dir die Hän - de, da
kann es je - der sehn, dass du und ich, dass
ich und du, dass wir uns gut ver - stehn.

Refrain

La la la la la la la la la la la la
la la la la la la la la la la la la la.

2. Wir bauen eine Brücke
   vom Mensch zum Menschen dann,
   mit Liebe und mit Zuversicht
   vertraue dich mir an!
   Wir halten uns die Hände
   und wolln die Brücke baun,
   dass du und ich, dass ich und du
   einander stets vertraun.

3. So stark wird diese Brücke
   vom Mensch zum Menschen sein.
   Und wenn wir fest zusammenstehn,
   dann stürzt sie niemals ein.
   Wir halten uns die Hände
   und wolln die Brücke baun,
   dass du und ich, dass ich und du
   einander stets vertraun.

Ich gehöre dazu

Du kannst Fotos einkleben und Bilder malen von deiner Familie,
von deiner Schulklasse, von deiner Fussballmannschaft,
von deinem Orchester, von deinem Chor, von deinen Freunden
oder von unserer *minichile*-Gruppe.

Ein Haus auf gutem Grund gebaut

Ich will dich lieben,
Gott, meine Stärke.
Du bist mein Fels, meine Burg,
mein Retter, mein Gott,
meine Festung,
in der ich Schutz suche,
mein Schild und meine Zuflucht.

Nach Psalm 18

Weil ich dir vertrauen kann

Weil ich dir vertrauen kann

Text: Rolf Krenzer
Melodie: Peter Janssens

Kehrvers

Weil ich dir ver-trau-en kann, kennst du

mei-ne Sor-gen, nimmst mich auf und

nimmst mich an, und ich bin ge-bor-gen.

Du bist da, du stehst be-reit ü-ber-all und

je-der-zeit heu-te so wie mor-gen.

Strophen

1. Gott, du bist so gut zu mir. Wie ein

Fels aus har-tem Stein stehst du im-mer

ne-ben mir und wirst im-mer bei mir sein.

2. Gott, du bist so gut zu mir,
   weil ich mit dir sprechen kann.
   Du bist immer nah bei mir,
   und ich weiss, du hörst mich an.

3. Gott, du bist so gut zu mir.
   Du bist da, wo ich auch bin.
   Immer bist du nah bei mir,
   und ich spür' dich in mir drin.

Bilder für Gott in der Bibel

Gott ist wie ...

Wir kennen viele Bilder für Gott

Bist du ein Haus

Text: Reinhard Bäcker
Melodie: Detlev Jöcker

1. Bist du ein Haus aus di-cken Stei-nen

mit Fens-ter und mit ei-nem Dach?

Gibst du den Gros-sen und den Klei-nen stets

ein Zu-hau-se Tag und Nacht? Nacht?

2. Bist du ein Licht mit bunten Strahlen,
   das meinen dunklen Weg erhellt?
   Kann ich dich wie die Sonne malen,
   die morgens in mein Zimmer fällt?

3. Bist du ein Lied, das alle singen,
   weil seine Melodie so schön,
   bei dem wir lachen, tanzen, springen
   und lauter gute Dinge sehn?

4. Bist du ein Schiff mit starken Masten,
   das auch im grössten Sturm nicht sinkt,
   und allen, die in Angst geraten,
   die wunderbare Rettung bringt?

5. Bist du ein Freund, dem ich vertraue
   und dem ich alles sagen kann,
   mit dem ich eine Bude baue
   und über Mauern springen kann?

6. Bist du wie eine Kuscheldecke?
   Ich kuschel mich in sie hinein.
   Und wenn ich in der Decke stecke,
   dann schlaf ich ganz zufrieden ein.

7. Mein Gott! Ich kann dich gar nicht sehen,
   und doch sagst du: Ich bin bei dir.
   Mein Gott! Wie soll ich das verstehen?
   Ich bitte dich: Komm zeig es mir!

Unsere Kirche: Meine Erlebnisse

16

Lösungssatz vom Foto-Postenlauf in der Kirche:

2

Gott baut ein Haus, das lebt

Text und Melodie: Waltraud Osterlad

1. Gott baut ein Haus, das lebt, aus lau-ter bun-ten Stei-nen, aus gros-sen und aus klei-nen, eins, das le-ben-dig ist.

2. Gott baut ein Haus, das lebt;
wir selber sind die Steine,
sind grosse und auch kleine,
du, ich und jeder Christ.

In der Kirche feiern wir

Taufe

Kinderkirche

Konfirmation

Weihnachten

Hochzeit

Viel Glück und viel Segen

Text und Melodie: Werner Gneist
© by Bärenreiter-Verlag, Kassel

Kanon für 4 Stimmen

Viel Glück und viel Se - gen auf

all dei - nen We - gen, Ge - sund - heit und

Freu - de sei auch mit da - bei.

In der Kirche nehmen wir Abschied

Abdankung

Kreuzworträtsel

Leiterlispiel

Der Engel bringt Maria eine Botschaft

3

Macht hoch die Tür, die Tor macht weit

Text: Georg Weißel (1623) 1642
Melodie: Halle 1704

Macht hoch die Tür, die Tor__ macht weit, es
kommt der Herr der Herr - lich-keit, ein
Kö - nig al - ler Kö - nig-reich, ein
Hei - land al - ler Welt__ zu - gleich, der
Heil und Le - ben mit__ sich bringt, der -
hal - ben jauchzt, mit Freu - den singt: Ge -
lo - bet sei mein Gott,_____ mein
Schöp - fer reich__ an Rat.__

Maria und Josef unterwegs

Jesus wird geboren

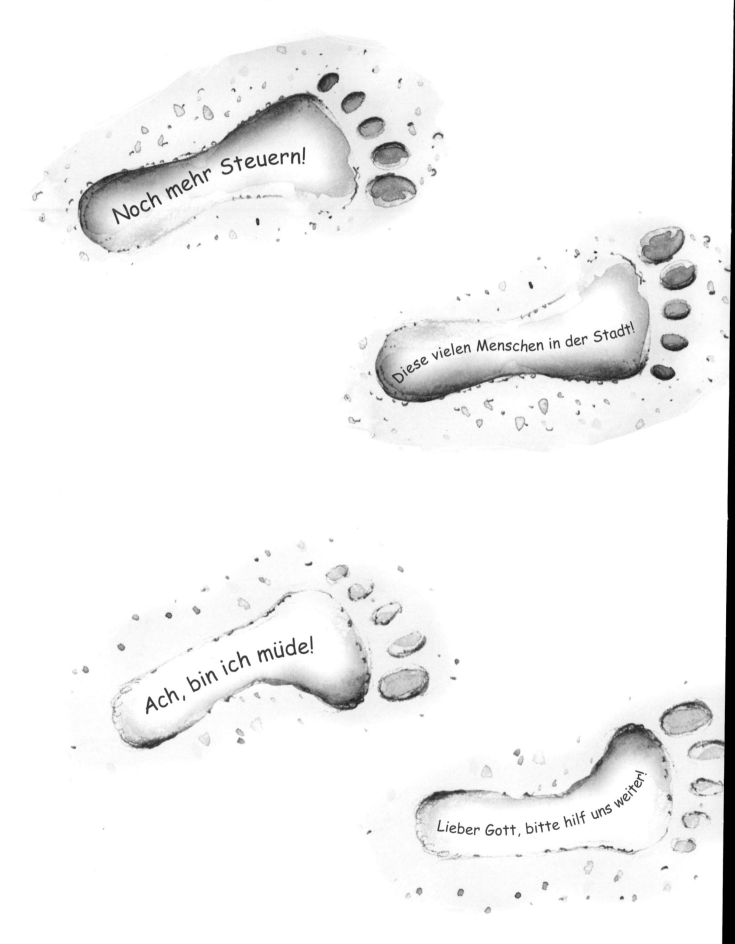

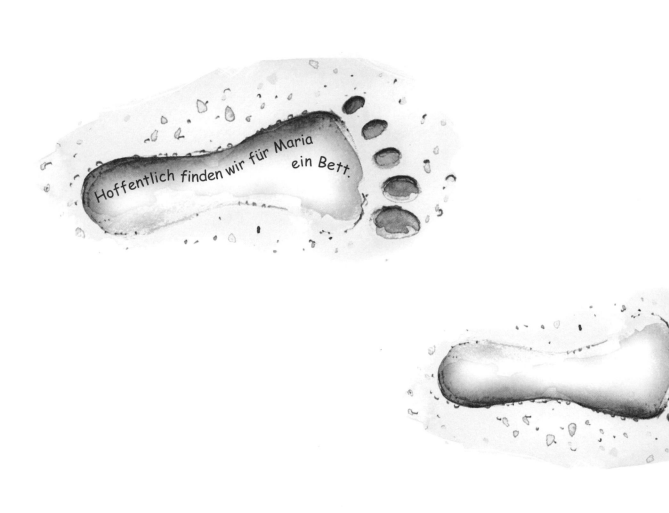

Hoffentlich finden wir für Maria ein Bett.

Wo wird mein Kind geboren?

33

Grösser als ein König

Text: Jutta Richter
Melodie: Reinhard Horn

Grös-ser als ein Kö - nig   ist ein klei-nes Kind.

Wo ein Kind ge - bo - ren wird, sich ein Traum zur Welt ver-irrt, mäch - tig wie der Wind,   mäch-tig wie der Wind.

Die Hirten auf dem Feld

Was isch das für e Nacht

Text und Melodie: Paul Burkhard (1911–1977)

Was isch das für e Nacht! Hät eus de
Hei - land bracht und us de
ar - me Män - sche rii - chi gmacht.
Händ ihr das au ver - noh? Lo - bed de
Herr - gott froh! Eu - sen Er - lö - ser isch uf
d Är - de cho. Im Fäld und
uf der Au, d Tier - li ver - twa - ched au,
gschpüü - red das ü - ber - gros - si Wun - der
gnau. Das isch di hei - lig Nacht.
Hät eus de Hei - land bracht und us de
ar - me Män - sche rii - chi gmacht.

Der Stern zeigt den Weisen den Weg zur Krippe

Sie folgen dem Stern.

Im Traum gibt Gott den Weisen einen Auftrag.

Die Weisen entdecken den Stern.

Sie bringen dem Kind wertvolle Geschenke.

Sie fragen König Herodes nach dem neugeborenen König.

Sie machen einen weiten Bogen um Jerusalem.

Stern über Betlehem

Text und Melodie: Alfred Hans Zoller
© by Gustav Bosse Verlag, Kassel

1. Stern ü - ber Bet - le - hem, zeig uns den Weg, führ uns zur Krip - pe hin, zeig, wo sie steht, leuch-te du uns vo-ran, bis wir dort sind, Stern ü - ber Bet - le - hem, führ uns zum Kind.

2. Stern über Betlehem, nun bleibst du stehn
und lässt uns alle das Wunder hier sehn,
das da geschehen, was niemand gedacht,
Stern über Betlehem, in dieser Nacht.

3. Stern über Betlehem, wir sind am Ziel,
denn dieser arme Stall birgt doch so viel!
Du hast uns hergeführt, wir danken dir.
Stern über Betlehem, wir bleiben hier!

4. Stern über Betlehem, kehrn wir zurück,
steht noch dein heller Schein in unserm Blick,
und was uns froh gemacht, teilen wir aus,
Stern über Betlehem, schein auch zu Haus.

Der zwölfjährige Jesus im Tempel

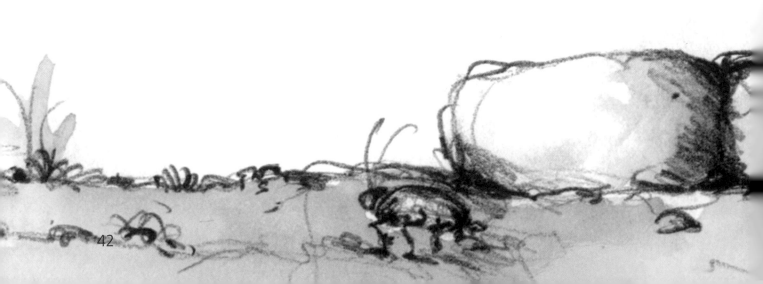

Abraham und Sara brechen auf

Abraham und Sara wohnen in Haran.
Dort sind sie zu Hause.
Sie kennen ihre Familien und ihre Nachbarn.
Das Land ist fruchtbar, und sie haben viele Tiere.
Sie haben es gut dort.
Abraham und Sara wünschen sich ein Kind.

Da hört Abraham die Stimme von Gott:
«Geh, Abraham!
Geh weg von hier!
Ich zeige dir ein neues Land.
Dorthin sollst du ziehen.
Ich werde ein grosses Volk aus dir machen.
Ich will dich und deine Frau Sara segnen.»

Abraham hört auf Gott.
Er nimmt Abschied von seinen Verwandten.
Sara packt ihre Sachen.
Sie brechen auf in ein neues Land.
Sie nehmen ihre Tiere mit.
Ihre Knechte begleiten sie.
Nach einer langen, beschwerlichen Reise kommen sie ins Land Kanaan.

Gott sagt zu Abraham:
«Schau, Abraham! Dies ist das Land, das ich
dir versprochen habe. Dieses Land will ich
deinen Nachkommen schenken.»

Abraham und Sara haben immer noch keine Kinder.
Darüber sind sie traurig.
Abraham baut einen Altar.
Er dankt Gott für das Land.
Abraham denkt: Wird Gott sein grosses Versprechen halten?
Wann werden Sara und ich ein Kind bekommen?

Nach Genesis 12

4

Einen Segen auf den Weg

Gott hält sein Versprechen

Kees de Kort

Es ist Nacht. Abraham liegt wach in seinem Zelt.
Er muss an das Kind denken, das Gott Sara und ihm versprochen hat.
Er steht auf und schaut zum Sternenhimmel hoch.

Gott spricht zu Abraham: «Siehst du die Sterne, Abraham?
Kannst du sie zählen?» Abraham schüttelt den Kopf.
Die Sterne kann kein Mensch zählen. Es sind zu viele.
«Siehst du», spricht Gott weiter, «so viele Kinder will ich dir geben,
wie es Sterne am Himmel gibt. Sara wird bald ein Kind bekommen.»

Kurze Zeit später bekommen Abraham und Sara Besuch.
Es sind drei fremde Männer. Abraham lädt sie ein.
Sara bereitet ein feines Essen zu. Abraham spricht mit den Gästen.
Nach dem Essen fragt einer der Männer: «Wo ist Sara, deine Frau?
In einem Jahr kommen wir wieder. Dann wird Sara ein Kind haben.»
Sara hört hinter dem Vorhang des Zelts, was die Männer reden.
Sie lacht.

Ein Jahr später bekommt Sara wirklich einen Sohn.
Er heisst Isaak. Isaak bedeutet: Gott lacht.

Nach Genesis 15; 17+18; 21

Wünsche schicken wir wie Sterne

Text: Eckart Bücken
Melodie: Reinhard Horn

Kehrvers

Wün - sche schi - cken wir wie Ster - ne
zum Him - mel hoch in wei - te
Fer - ne. Gott, sei mit uns
auf un - sern We - gen und gib uns
al - len dei - nen Se - gen.

Strophe

Dass Frie - de wird und Frie - de bleibt, dass
Hoff - nung keimt und Blü - ten treibt.

Bewegungsvorschlag
Aufstellung im Kreis

Kehrvers:

Wünsche schicken wir wie Sterne	– Hände von unten nach oben führen
zum Himmel hoch in weite Ferne.	– Hände in einem grossen Halbkreis wieder senken
Gott, sei mit uns auf unsern Wegen	– Hände zeigen auf den Boden
und gib uns allen deinen Segen.	– sich im Kreis die Hände geben

Beim Singen der Strophe mit durchgefassten Händen im Kreis gehen.

Mose wird gerettet

1
Soldaten gehen durch die Gassen.
Der Pharao hat den Befehl gegeben,
alle neugeborenen Jungen
der Israeliten zu töten.

2
Die Mutter und Mirjam ducken sich
in eine Ecke des Hauses.
Sie können Mose nicht mehr
länger verstecken.
Seine Stimme ist zu laut geworden.
Sie verrät ihn, wenn er weint.

3
Die Mutter will dem kleinen Mose
das Leben retten. Sie setzt ihn in
einem Kästchen am Ufer des Nils aus.
Mirjam versteckt sich in der Nähe.

4

Die ägyptische Prinzessin findet den kleinen Jungen. Sie will ihn behalten. Doch sie braucht jemanden, der für das Kind sorgt.

5

Mirjam spricht die Prinzessin an.
Mirjam holt ihre Mutter.
Die Mutter darf Mose wieder
mit nach Hause nehmen.
Sie stillt und wickelt ihn.
Die Prinzessin gibt ihr sogar
Geld dafür. Die Soldaten wissen:
Das ist das Kind der Prinzessin.

6

Mose wird grösser.
Als er alt genug ist, bringt ihn die
Mutter zur Prinzessin in den Palast.
Er lebt jetzt im Palast und lernt lesen
und schreiben.
Er lebt wie ein Prinz.

Der brennende Dornbusch

Sieger Köder

Mose bekommt einen Auftrag

Eines Tages entdeckt Mose einen brennenden Dornbusch.
Der Dornbusch brennt hell, aber er verbrennt nicht.
Mose hört aus dem Dornbusch die Stimme Gottes.
Mose fragt: «Wer bist du?»
Gott antwortet: «Ich bin der Gott deiner Väter. Ich bin der Ich-bin-da.»

Gott gibt Mose einen Auftrag.
Er soll nach Ägypten zum Pharao gehen.
Er soll von ihm verlangen, dass er die Israeliten wegziehen lässt.
Gott will sein Volk aus Ägypten befreien und ins Land Kanaan begleiten.
Mose gehorcht und zieht mit seiner Familie nach Ägypten.

Dort trifft er seinen Bruder Aaron und seine Schwester Mirjam.
Mose und Aaron gehen zum Pharao.
Sie sagen: «Lass unser Volk aus Ägypten ziehen.»
Aber der Pharao lässt seine Arbeiter nicht gehen.

Gott schickt neun schreckliche Plagen nach Ägypten.
Aber der Pharao lässt die Israeliten nicht ziehen.

In einer Nacht darauf feiern die Israeliten das erste Mal das Passafest.
Sie schlachten ein Lamm und braten es.
Sie essen es mit Brot und Kräutern.
Mit dem Blut bestreichen sie den Türrahmen.
Es ist das Zeichen für Gott, dass er an diesem Haus vorbeigehen soll.
Gott schickt die letzte Plage nach Ägypten.
Alle erstgeborenen Kinder und alle erstgeborenen Tiere der Ägypter sterben.
Auch der Sohn des Pharao stirbt.
Jetzt lässt der Pharao die Israeliten ziehen.

Sie ziehen fort aus Ägypten.
Endlich sind sie frei.

Nach Exodus 1–12

Die Plagen

Ich bin da

Text und Melodie: Wolfgang Gies

Strophen

1. Ich bin da – am Mor-gen wie am A-bend.

Ich bin da – bei Tag und bei Nacht.

Ich bin da – bin Ant-wort al-ler Fra-gen.

Ich bin im-mer für dich da!

Refrain

Ich bin bei euch al-le Ta-ge bis ans

En-de die-ser Zeit!

2. Ich bin da – im Lachen und im Weinen.
   Ich bin da – in Angst und Gefahr.
   Ich bin da – damit du nicht allein bist:
   Ich bin immer für dich da!

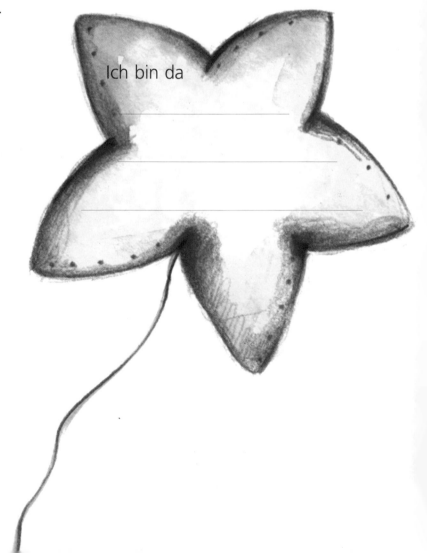

Ich bin da

Sicher durch das Schilfmeer

Der Zug der Israeliten bewegt sich nur sehr langsam vorwärts.
Die Wüste ist heiss und staubig.
Gott begleitet sein Volk, wie er es versprochen hat.
Am Tag zieht eine Wolkensäule vor ihnen her.
In der Nacht ist es eine leuchtende Feuersäule.
So verirren sie sich nicht in der Wüste.

Sie kommen ans Schilfmeer. Hier ruhen sie sich aus.
Plötzlich sehen sie, dass sie verfolgt werden. Es ist der Pharao mit seinen
Soldaten. Sie haben Pferde und Wagen.
Der Pharao will die Israeliten zurückholen.

Die Israeliten sind verzweifelt. Sie haben Angst. Was sollen sie tun?
Mose sagt: «Gott ist bei uns!» Mose geht auf das Meer zu.
Er hält seinen Stab über das Wasser. Ein Wind kommt auf.
Das Wasser teilt sich. Ein breiter Weg tut sich auf. Die Israeliten können durch
das Meer gehen.

Die Ägypter folgen ihnen.
Aber es wird Nacht und die Soldaten bekommen Angst.
Die einen wollen umkehren. Es gibt ein Durcheinander.

Am Morgen sind alle Israeliten auf der anderen Seite des Meers angekommen.
Hinter ihnen schliesst sich das Meer. Die Soldaten und die Pferde ertrinken.
Gott hat sein Volk beschützt und gerettet.

Mirjam nimmt ihre Handpauke. Sie singt ein Lied:

Singt dem HERRN,
denn hoch hat er sich erhoben,
Pferd und Reiter hat er ins Meer geschleudert.

Alle Frauen singen mit. Sie feiern ein grosses Fest.

Nach Exodus 13–15

60

Mirjam tanzt und singt

In der Wüste unterwegs

Hinter Mose, Aaron und Mirjam
ziehen die Israeliten weiter durch die

Das [ ] geht ihnen aus. Die Menschen haben Durst.
Sie schimpfen über Mose. Sie murren und sind unzufrieden.

Mose weiss: Es ist Gottes Weg.
Er wird uns helfen.

Sie kommen zu einer [ ] Alle wollen trinken.

Die Menschen
schöpfen Wasser mit den [ ]

Aber das Wasser ist bitter.
Die Menschen murren und sind
unzufrieden.

Mose
hält sich die [ ] zu und horcht auf Gottes Stimme.

Er weiss jetzt,
was er tun muss:
Er wirft ein kleines Stück [ ] ins Wasser.

Jetzt ist das Wasser gut. Die Israeliten füllen ihre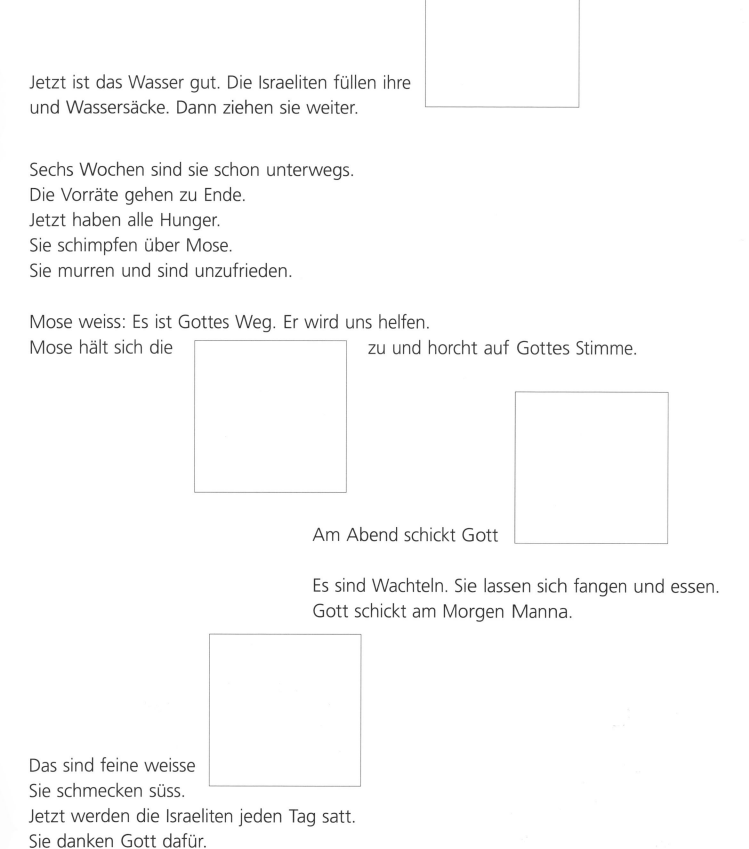
und Wassersäcke. Dann ziehen sie weiter.

Sechs Wochen sind sie schon unterwegs.
Die Vorräte gehen zu Ende.
Jetzt haben alle Hunger.
Sie schimpfen über Mose.
Sie murren und sind unzufrieden.

Mose weiss: Es ist Gottes Weg. Er wird uns helfen.
Mose hält sich die   zu und horcht auf Gottes Stimme.

Am Abend schickt Gott

Es sind Wachteln. Sie lassen sich fangen und essen.
Gott schickt am Morgen Manna.

Das sind feine weisse
Sie schmecken süss.
Jetzt werden die Israeliten jeden Tag satt.
Sie danken Gott dafür.
Gott begleitet sein Volk und gibt den Menschen, was sie brauchen.

Nach Exodus 15+16

Am Berg Sinai

1

Beim Berg Sinai schlagen die Israeliten ihr Lager auf. Hier will Mose länger bleiben. Hier gibt es Wasser und Früchte. Hier gibt es Weiden für die Tiere.
Mose sagt: «Hier werden wir ein Fest feiern.» Die Israeliten waschen ihre Kleider.
Sie bereiten alles für das Fest vor.

2

Mose steigt allein auf den Berg Sinai. Gott will mit ihm reden.
Er sagt zu Mose: «Ich habe euch aus Ägypten befreit und auf der ganzen Reise begleitet. Ich schliesse einen Bund mit euch. Ihr gehört zu mir. Deshalb sollt ihr ab jetzt meine Gebote halten.»

3

Als Mose vom Berg zurückkommt, erzählt er den Israeliten, was Gott gesagt hat. Sie wollen Gottes Gebote halten. Mose baut einen Altar. Er bringt Gott Opfer. Das Volk Israel feiert ein grosses Fest. Mose steigt noch einmal auf den Berg Sinai. Er bleibt ein paar Wochen weg. Das Volk wird unruhig. «Wo ist Mose? Wer ist unser Gott?», rufen die Männer. «Wir wollen ein Götterbild, das wir sehen und anbeten können!» Aaron hilft ihnen. Sie bringen ihm ihren Goldschmuck. Sie machen eine Form aus Ton. Sie schmelzen das Gold. Sie giessen ein goldenes Kalb.

4

Dann tanzen sie um das goldene Kalb
und beten es an. Da kommt Mose
vom Berg herunter. Er trägt zwei
Steintafeln mit sich. Darauf hat Gott
die Gebote geschrieben. Mose wird
wütend, als er das goldene Kalb sieht.
Er zerschmettert die Steintafeln.

5

Mose betet zu Gott und bittet ihn für
sein Volk um Vergebung. Gott hört
auf Mose. Er schreibt die Gebote
nochmals auf zwei Steintafeln.
Mose legt sie in einen Kasten. Der
Kasten heisst Bundeslade.
Ein grosses, prachtvolles Zelt wird
zum heiligen Zelt.
Es ist das Zelt für Gott.
Da drin steht die Bundeslade.
Jetzt feiern die Israeliten nochmals
ein Fest.
Es ist das Fest der Versöhnung mit
Gott.

6

Am Ende des Fests breitet Aaron seine
Arme aus und sagt laut:

Der HERR segne dich und behüte dich.
Der HERR lasse sein Angesicht
leuchten über dir und sei dir gnädig.
Der HERR erhebe sein Angesicht zu
dir und gebe dir Frieden.

Das Volk Israel zieht weiter.
Die Bundeslade bleibt mitten unter
den Menschen. Sie tragen sie mit.
Beinahe ein Jahr haben die Israeliten
am Sinai gewohnt.

Nach Exodus 19+20; 24; 32–40;
Numeri 6

Das Lied vom Stein

Text: Rolf Krenzer
Melodie: Ludger Edelkötter

Kehrvers

Eins, zwei, drei, vier, fünf, sechs, sie - ben,

was steht auf dem Stein ge - schrie - ben?

Zehn Ge - bo - te sind zu sehn, Mo - se

1. hilft sie uns ver - stehn. 2. stehn.

Strophen

1. Gott eh - ren und den Men - schen

lie - ben,___ den Schwa - chen nicht zur

Sei - te schie - ben,___ es soll dem Ärms - ten

Recht ge - schehn,___ wenn Got - tes

Wort wir recht ver - stehn.___

2. Gott wünscht, dass hier auf dieser Erde
   kein Mensch des andern Spielzeug werde.
   Jeder soll frei und glücklich sein.
   Dies Menschenrecht schützt dieser Stein.

3. Es sind zehn Regeln für das Leben.
   Sie sind auch dir ins Herz gegeben.
   Drum mach dein Herz nicht hart wie Stein!
   Lass dich auf diese Regeln ein.

4. Gebote kann in Stein man treiben
   und auch in dicke Bücher schreiben.
   Doch Worte, die verweh'n im Wind,
   wenn sie nicht in uns selber sind.

Mose sieht das Land

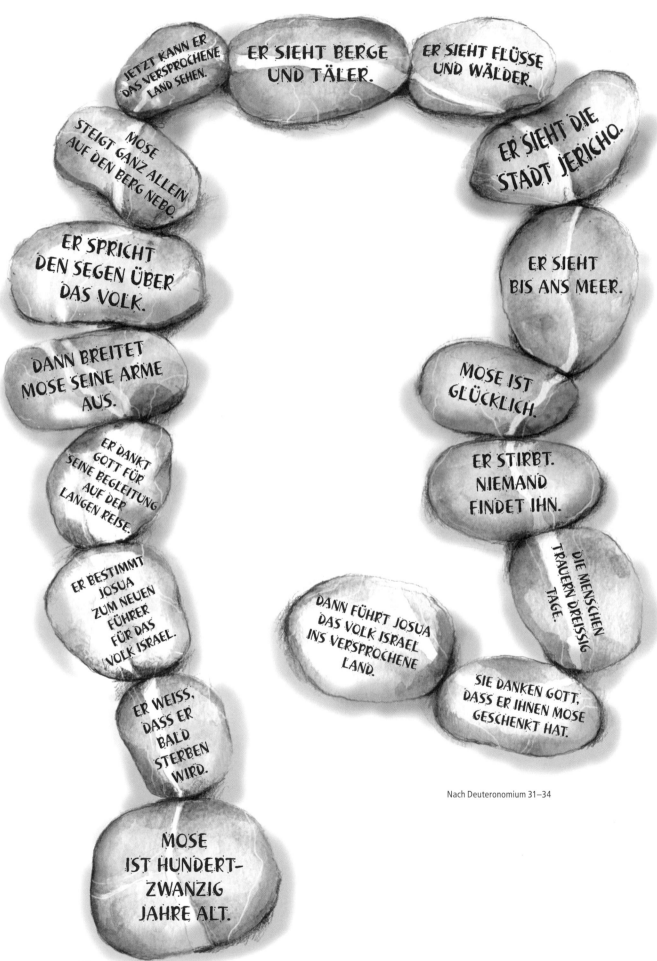

JETZT KANN ER DAS VERSPROCHENE LAND SEHEN.

ER SIEHT BERGE UND TÄLER.

ER SIEHT FLÜSSE UND WÄLDER.

MOSE STEIGT GANZ ALLEIN AUF DEN BERG NEBO.

ER SIEHT DIE STADT JERICHO.

ER SPRICHT DEN SEGEN ÜBER DAS VOLK.

ER SIEHT BIS ANS MEER.

DANN BREITET MOSE SEINE ARME AUS.

MOSE IST GLÜCKLICH.

ER DANKT GOTT FÜR SEINE BEGLEITUNG AUF DER LANGEN REISE.

ER STIRBT. NIEMAND FINDET IHN.

ER BESTIMMT JOSUA ZUM NEUEN FÜHRER FÜR DAS VOLK ISRAEL.

DIE MENSCHEN TRAUERN DREISSIG TAGE.

DANN FÜHRT JOSUA DAS VOLK ISRAEL INS VERSPROCHENE LAND.

ER WEISS, DASS ER BALD STERBEN WIRD.

SIE DANKEN GOTT, DASS ER IHNEN MOSE GESCHENKT HAT.

MOSE IST HUNDERT-ZWANZIG JAHRE ALT.

Nach Deuteronomium 31–34

Die Israeliten danken Gott

GOTT ZEIGT SICH MOSE

IN EINEM BRENNENDEN DORNBUSCH

GOTT BERUFT MOSE ZU EINER AUFGABE

IN KANAAN

GOTT BEGLEITET UND BESCHÜTZT

AM BERG SINAI

IN MIDIAN

GOTT RETTET SEIN VOLK

GOTT ERHÄLT DIE ISRAELITEN AM LEBEN

AM SCHILFMEER

GOTT ORDNET DAS ZUSAMMENLEBEN

ICH DANKE DIR, GOTT, UND LOBE DICH

BEIM AUSZUG AUS ÄGYPTEN

GOTT SCHENKT, WAS ER VERSPROCHEN HAT

IN DER WÜSTE

GOTT SEGNET DIE MENSCHEN

AUF DER GANZEN REISE

Himmel, Erde, Luft und Meer

Text: Joachim Neander 1680
Melodie: Frankfurt am Main 1659 / Halle 1704 / Stuttgart 1744

1. Him-mel, ___ Er - de, Luft und Meer
zeu - gen von ___ des Schöp - fers Ehr.
Mei - ne ___ See - le, sin - ge du
und bring auch dein Lob her - zu.

1. Himmel, Erde, Luft und Meer
   zeugen von des Schöpfers Ehr.
   Meine Seele, singe du
   und bring auch dein Lob herzu.

2. Seht das grosse Sonnenlicht,
   wie es durch die Wolken bricht.
   Auch der Mond, der Sterne Pracht
   jauchzen Gott bei stiller Nacht.

5

3. Seht, wie Gott der Erde Ball
   hat gezieret überall.
   Wälder, Felder, jedes Tier
   zeigen Gottes Finger hier.

4. Seht, wie fliegt der Vögel Schar
   in den Lüften Paar bei Paar
   Donner, Blitz, Schnee, Regen, Wind
   seines Willens Diener sind.

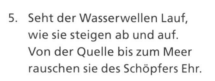

5. Seht der Wasserwellen Lauf,
   wie sie steigen ab und auf.
   Von der Quelle bis zum Meer
   rauschen sie des Schöpfers Ehr.

6. Ach, mein Gott, wie wunderbar
   nimmt dich meine Seele wahr.
   Drücke stets in meinen Sinn,
   was du bist und was ich bin.

Kleine Wunder

Text: Wolfgang Pusch
Melodie: Magdalene Pusch

Strophen

1. Mit-ten zwi-schen kal-ten Stei-nen
blüht ein zar-ter Lö-wen-zahn,
und ein Kä-fer mit sechs Bei-nen
sucht sich tap-fer sei-ne Bahn.

Refrain

Klei-ne Wun-der, klei-ne Wun-der
gibt es vie-le oh-ne Zahl.
Klei-ne Wun-der, klei-ne Wun-der:
Geh nur hin und schau ein-mal.

2. Klitzekleine Blumensamen
wachsen auf zu hoher Pracht,
und in einem Blütenrahmen
ist ein Schmetterling erwacht.

3. Sieh den bunten Regenbogen,
der den Himmel überspannt,
wie von Zauberhand gezogen
über Dorf und Stadt und Land.

4. Silberperlen auf den Zweigen,
Spinnennetz im Sonnenschein,
Blütenblätter tanzen Reigen
und die Luft ist klar und rein.

5. Frisches Wasser aus der Quelle
und ein glattes Kieselstück,
eine schwirrende Libelle
und ein Nest voll Vogelglück.

Ich bin ein Wunder

Ich bin ein Wunder:
Ich kann gehen
sehen
mich drehen
ganz wie ich will
kann lachen
Dummheiten
gar nichts machen
kann denken
schenken
ein Auto lenken
kann träumen
klettern in Bäumen
kann trinken
winken
mich wehren
mit Freunden
verkehren

Ich
du
er – sie – es
wir alle
sind Wunder

Klaus Kordon

78

Ich bin achtsam

Wie der Psalmdichter Gott lobt

Gott, du bist gross.
Wie ein riesengrosses Zelt hast du den Himmel aufgespannt.
Unter dem Himmel hast du die Erde gemacht, fest und schön.
Berge und Täler hast du gemacht,
das Wasser hast du geschickt.
Viel Wasser für die Tiere, die Durst haben,
für die Bäume, sie werden gross und stark.
Alles hat Gott wunderbar gemacht,
auch den Menschen, der hier alles findet, was er braucht.
Auch mich hat Gott gemacht.
Darum singe ich ein Lied für ihn.
Hallelujah!

Psalm 104,
übertragen von Regine Schindler

Ich singe dir ein neues Lied

Text und Melodie: Anita Steiner-Thaler

Kehrvers

Ich sin-ge, sin-ge, sin-ge, sin-ge dir ein neu-es Lied, sin-ge dir ein neu-es Lied.

Strophen

1. Du lässt die Vö - gel zwit - schern.
Du lässt die Vö - gel zwit-schern.